우산을 새라고 불러보는 정류장의 오후

우산을 새라고 불러보는
정류장의 오후

홍순영 시집

사랑하는 엄마, 그리고 우리 집 세 남자,
내 작은 집에 돌 하나씩 얹어놓고 간 모든 당신들께,
첫 시집을 바칩니다.

| 시인의 말 |

누가 나를 이 낡고 허름한 집에 부려놓았을까

혼자 견뎌야 하는 낮과 밤이 아득하기만 하다

이런 곳에도 새가 날아와 줄까

가끔씩 안부를 묻고 갈 당신을 기다려본다.

| 차례 |

1부

2부

3부

4부

1부

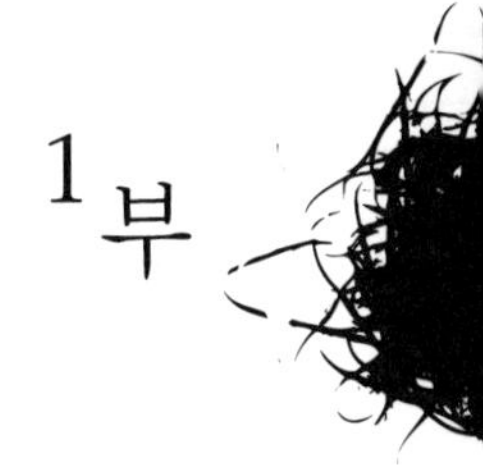

눈

유리창에 매달려 나를 읽고 있는 저 수천 개의 눈들 낯설지 않다 헤드라이트를 배경으로
나의 심연에 깊숙이 손 담그는 저 눈빛, 누구였더라

나의 밖에 있는 것들은 모두 눈을 갖고 있다 TV가 나를 본다 거울이 내 뒷모습을 포스팅한다 모니터가 쓰다 만 내 메일을 훔쳐본다 나는 저들을 눈치 채기도 하고 못 본 척, 스치기도 한다 그럴 때면 찾아드는 눈 밑의 파문

열린 것들은 무방비 상태에서 흔들린다
눈동자가 떨고 있다
내 안에서, 내 밖에서

수천 개의 물방울은 또 다시 수천 개의 유리창 그 모두가 한꺼번에 와르르 부서진 적 있다 유리 조각 위에 미처 감지 못한 눈들, 버둥거리며 둥둥 떠 있다 지루한 나의 내력은 군더더기일 뿐, 조각난 눈들이 서로의 눈을 감기기 시작한다

눈들이 휘발되고 있다

우리, 풀밭 위의 식사*를 할 수 있을까요

마지막 고해는 6개월 전이었습니다 (당신의 얼굴을 못 본 것은 수십 년이군요)

고해소 앞에 서서 한동안 들추지 않던 마음 갈피 뒤적이는데, 앞사람 손에 들린 두터운 '協商論' 눈에 들어왔다 순간, 망각의 수면 위로 떠오르는 죄의 목록들 나의 신은 칸막이 뒤에 숨어 있고, 내 죄는 아직 실존 중인데 지루함에 몸 비틀며 창조론 애통해할 그의 얼굴 궁금하다 주석처럼 매달린 변명 뒤에 감추고 문을 열려는 찰나, 십자가의 힘을 빌려 부디 성공하라는 눈빛 건네는 책표지. 한 평도 안 되는 고해소 안에서 팽팽 머리를 굴려본다 나의 뇌가 칸막이를 밀쳐낼 듯 부풀고 다리는 점점 오그라든다 나는 진화하는 중일까?

그런데 당신, 제가 보이긴 하나요? 고해소를 풀밭으로 꺼내는 건 어떨까요? 저는 소심해서 당신 눈을 보며 고백하진 못해요 예쁜 파라솔 쓴 채 간단히 고해하고, 무릎에 건조한 보속**의 장미 떨어뜨리면, 당신은 그쪽에서 이쪽으로 건너오실 건가요? 같이 풀밭 위의 식사를 할 수 있을까요? 아님, 죄가 남긴 우묵한 그림자를 무릎으로 지우며 제가 건너갈까요? 아참, 제 무릎은 이미 이천 년 전에 닳았는데 어쩌죠?

* 마네의 그림 제목

** 보속 : 가톨릭에서 지은 죄를 적절한 방법으로 보상하거나 대가를 치르는 것을 말한다

내 의자의 이중성

무서운 것은 산꼭대기가 아니라 비탈이다
—니체

식물은 동물을 꿈꾸고
동물은 고단한 하루를 식물의 발등에 문지르며 저녁을 맞곤 하지

당신은 나무의 눈을 들여다본 적 있는지
몇 개의 계절을 감았다, 떴다 파르르 떠는 그 눈꺼풀을
허공의 열쇠와 자물쇠를 갖고 다니는 구름의 거만한 자세에도 손을 거두지 않는,
나무의 손끝이 불러내는 현란한 그림을 본 적은?

내 의자는 네 발 달린 짐승처럼 종일 서서 나를 노려본다
의자를 짐승으로 읽는 시선에서 자유롭지 못한 나는 왜 내 의자의 식물성에 위로받는가

꿈꾸는 것보다 항상 입에 몰두해야 하는 동물 곁에 연민을 키운다
내 의자는 꿈꾸는 식물로부터 먹이를 찾는 짐승에게로 건너가고 있다
내 의자가 비탈에 서 있다

사랑하는 방식은 누구에게나 고유한 것
나는 멀리서 나를 욕망하는 그를 바라본다
기다림과 고통 끝에 멀미 같은 슬픔이 밀려오는 것을,
동굴처럼 벌어졌던 그의 입이 서서히 닫히고
눈빛 몽롱해지며 다리에 힘이 풀리는 것을
그가 주저앉을 무렵에서야 나는 그 곁으로 다가갈 것이다
그에게 등을 기대고 어긋난 시간들과
오래된 질문을 무릎에 늘어놓을 것이다
기다림으로 피곤해진 그의 다리에 다시 뿌리가 돋아날 때까
지
그의 곁에 머물 것이다
그쯤에 이르러 내 사랑은 좀 더 분명해진다

나는 욕망덩어리 짐승에게서 꿈꾸는 식물로 돌아서는 의자를
꿈꾼다
내 의자가 비탈에 서 있다

우산을 새라고 불러보는 정류장의 오후

젖기 위해 태어나는 운명도 있다
누군가는 탈출하기 위해 자신의 뼈 하나쯤 예사로 부러뜨리며, 골목에 쓰러져 있기도 하지만

뾰족이 날만 세우고 좀체 펴지지 않는 고집도 있다
그런 것은 십중팔구 뼈마디에서 붉은 진물을 흘리기 마련,
정지된 시간 위로 녹슨 꽃 핀다

사람이나 동물에게만 뼈가 있는 건 아니라는 거
기민한 종족들은 물과 돌, 쇠에도 뼈가 있음을 일찍이 알아챘다
어긋난 뼈를 문 우산, 길 위에 젖은 채 쓰러져 있다
그도 내 집 담장 밑에 저처럼 누워 있었다
젖는다는 것은 필연처럼 물을 부르고
눈물에, 빗물에, 국 한 그릇에 젖는 허기진 몸들
젖은 몸으로 태어난 당신과 나
살면서 몸을 말릴 수 있는 날은 의외로 적다

우산을 새라고 불러보는 정류장의 오후
출발을 재촉하는 채찍 소리 도로 위에 쏟아지면

날고 싶어 퍼덕거리는 새들 몸짓 요란하다
기낭 속으로 반달 같은 슬픔 우르르 몰려들면
둥글게 휘어지는 살들 팽팽히 끌어당기는 뼈
긴장이 도사린 새의 발목은 차갑고 매끄럽다
새의 발목을 끌어당기다 놓친 사내가 도로에 뛰어든다

렌탈 가족

—당신은 당신과 어떤 관계입니까*

소녀는 서랍 속 나비를 들여다보고 있었다 나비는 어둠의 각질 떼어먹으며 점점 단단한 날개를 만들어갔다

햇빛들이 사금처럼 날개 아래 소복이 모여 있던 그 시간에 엄마는 뭘 하고 있었어? 왜 자꾸 나를 밀어냈던 거야? 뒷마당에 묻어둔 물음표들이 기어 나와 몸을 근지럽혀 내가 늘 부스럼을 앓아 귀찮다 했지 그때 엄마는 내 몸의 말을 알아들었을까 엄마가 나를 보지 않는 동안, 세찬 바람 속에서 나비 한 마리 내게 떠밀려왔어 나는 날렵하게 날개를 잡고 서랍 속에 감추었지 그때만 해도 날개는 아침 바다의 무늬를 고스란히 담고 있었어 얼른 엄마에게 보여주고 싶었는데, 그 시간에 엄마는 뭘 보려고 까치발 들었던 거야 왜 보라색 블라우스를 입고 어정쩡한 세 시를 기웃거린 거야 밤일을 끝낸 아버지가 여덟 시쯤 문을 열었지 엄마는 정성껏 아침을 차려주고 아버지를 재웠어 첫 번째 아버지가 잠든 사이 엄마는 전화기를 들었어 열한 시쯤 같이 교회에 갈 남편을 보내주세요 한 시에 결혼식에 동반할 남편을, 함께 등산할 남편을, 함께 드라마 보며 낄낄거릴 남편을…… 나는 자꾸만 늘어나는 아버지 속에 어떤 아버지를 골라야 할지 고민했어 마음속으론 일일교사도 서슴지 않고 해줄 두 번째를 골랐지만 엄마는 계속해서 다른 아버지를 주문했어 점점 지루해지는

세 시를 계속 기웃거렸어 엄마가 무척이나 낯설었지 지금이라도 옆집에 달려가 엄마가 사라지지 않도록 붙잡아 달라고 애원해야 되나, 옆집 문을 노크도 없이 벌컥 열어젖혔어 어라, -우리 딸 어디 갔다오니 하고 묻는 저 여자, 옆에서 과일을 먹던 남자는 그럼 나의 아버지? 아니 누가 나를 렌탈한 거야?

나는 당신의 딸입니까? 나는 그냥 딸입니다
당신은 나의 아버지입니까? 당신은 그냥 아버지입니다

* 소노 시온 감독의 '노리코의 식탁'에 반복해 나오는 대사

손-top

벼랑 끝에 서면 피비린내가 난다
모든 것의 꼭대기에 모여 있는 사, 생, 결, 단
혹, 당신은 사, 생까지 갈 필요 있어?
반문할지도 모르지만
그건 끝까지 가보지 않은 사람의 말
누구나 벼랑 끝에 서 보면
손끝으로 우르르 몰려오는 빨간 피톨들
그 탱글탱글한 유혹을 참을 수 없지
싱싱한 살점을 전리품처럼 품고 싶어져

지루한 삶을 매만지던 여인
철철이 손톱정원에 색색의 꽃 피웠지만
한순간 뭉텅, 지워지기도 하는 꽃

정상에 선다는 건
꽃의 일생을 끝까지 가보는 일
혹, 낙화유수로 흘러가더라도
결국 꺾이거나, 잘려져 나갈 운명을 기르는 일이지

톡, 톡,

손톱을 자른다
정상에서 튕겨져도 가볍게 나는 법
한 수 배운다

접시 돌리는 연인들의 숲*

그와 부딪칠 때면, 난
접시를 사지
네모난 접시는 나를 자꾸만 찔러
내가 붙잡는 건 동그란 접시
체리나 블루베리, 아니면
물방울무늬라도 괜찮아
우리는 가끔 옥탑방에서
불을 꺼놓고
푸른 달빛 아래 접시를 돌리지
몇 접시의 체리가 으깨지고
입술 터진 블루베리, 보랏빛 거품을 게워내지
핼쑥한 달빛 기어들어와 바닥을 핥지
우리는 나날이 여위고
달은 점점 얼굴이 붓지
내가 집을 비운 날, 너는
대나무 그림 숲처럼 둘러진 방에서
접시 돌리는 연습을 하지
제법 잘 돌던 접시, 순간 놓치면
방안 가득 댓잎 울음 우르르 쏟아져
너는 벌컥, 뛰쳐나가고

자주 덜컹거리는 우리 구경하느라
바람만 분주한 그곳에서
접시 대신 당신을 돌리고 싶었던
내가, 나를 빙글빙글 돌리지
동그란 내가 참 잘도 돌아가지

* 캐나다 서커스단 '네비아' 공연 제목 중 하나

불건전한 진화*

–장호현의 사진 '관상용'을 보고

우리의 탄생설화는 애초부터 불온한 것
난생의 후예들인 우리, 우물가를 헤매거나
골방에 틀어박혀 햇빛이나 구름을 오려붙이거나
난데없이 거북이를 협박하며
출생의 비밀 건드려보곤 했다

새장 속 앵무새를 들여다보고 있는 그녀
단단한 부리와 화려한 머리깃털에 푹 빠져 있다
한때는 바람의 혼을 싣고 허공을 유영하는
날개가 그리웠다 –나의 날개는 퇴화한 것일까
근원에 대한 불신,
혹 의문의 각질층은 점점 더 두터워지고
그녀가 걸어온 길 위로 유랑의 피 흥건하다

허기가 때로 불안을 잠재우기도 하는가
허겁지겁 어둠을 삼킨 여자의 머리 위로
시간의 지층을 뚫고 날아 앉는 한 마리 새
–평화를 주마
거울 속에 새의 머리를 가진 여자가 들어 있다
그녀가 빙긋, 웃을 때마다 앵무새 인간이 복제된다

한 마리, 두 마리, 아니
한 사람, 두 사람, 아니
그 아무것도 아닌 불협화음의 사생아가
거울 밖으로 걸어 나온다

자신의 혈관 속으로 끼어든 유전자를
받아들이기로 한 것인지
앵무새의 머리를 얹고, 화려한 꼬리 깃을 세운 그녀가
도심 한복판을 당당히 걸어간다

우리의 미래는 부활한 새의 머리가 인도할지니
불멸하는 조상신의 가호를 받을지니
세세토록 이 불안한 평화를 누릴지니라

* 장호현 사진 '불건전 진화론' 에서 차용

말 키우기

오늘 난 예쁜 말 한 마리 선물 받았어
부드러운 갈기와 긴 속눈썹
잘 생긴 이빨과 곧게 뻗은 다리를 가진,
말이 자유롭게 달릴 때
그를 쫓아 부드럽게 흔들리는 저 풀들을 보아
풀들은 말을 사랑하지
바람도 말을 사랑하지
그 속에서 거대해지는 말

나의 마구간엔, 수십 년씩 키운 말들도 있고
그 속에서 갓 태어난 말도 있지만
대부분 늙어 편자는 닳고
가끔 헛발질하며 절뚝거리는,
혹은, 갇혀만 있어 제대로 뛸 수도 없는
그런 말들 투성이야
그래선지 선물 받은 이 말에게 나는 끌려

나의 말은 그동안
초원 위를 달리기도 하고
사막 위를 무심히 걷기도 했어

때론 트랑고 빙벽에 아끼던 말을 묻은 적도 있지
나를 태우고 봄바람이거나, 모래바람이거나,
눈보라가 되기도 하던 말들

당신,
침묵이 참다 참다 토해내는 하얀 입김 속
형태를 드러내는 저 말 한 마리
같이 키워보지 않을래요

모자의 어깨

위에서 아래로 쓰는 모자의
방향성에 대해 생각하다 보면
자꾸만 직선을 긋게 돼
위에서 아래로, 그 빳빳한 형식에 비해
모자를 아름답게 하는 것은 챙의 곡선
수직을 떠받치는 수평의 유연함을 사랑해
물결을 닮은,
동물의 귀를 닮은,
토성의 고리를 닮은.
떨어지는 힘을 부둥켜안으려는
탄력 있는 어깨가 참 따뜻해

가끔 지하도 계단에서 뒤집힌 모자를 만나기도 해
그럴 때면 난 물구나무를 서야 하나 망설이지
물구나무를 선 채 계단을 내려가는 사내를 본 적 있어
그의 손이 바닥을 읽어가는 쪽으로
모자가 좇아가려고 해
위를 향해 열린 모자의 어깨가 흔들려
뒤집힌 모자는 수치심을 몰라
무너진 형식 위로 쌓이는 싸늘한 눈빛

무너지는 것의 속도는 예측할 수 없지
저 어깨가 불안해

주머니 속 손이 모자 속 어둠을 읽어
모두들 자신의 모자를 푹 눌러쓴 채
바쁜 척 걸어가던 뒷모습을 기억해
그건 나였어
아니, 너 아니었니?
뒤집힌 모자가 나를 따라오고 있어

비늘

유리창을 사이에 두고 사내의 눈과 마주쳤다
내가 볼 수 있는 건 눈에 자욱한 어둠뿐
그의 온몸은 두건과 마스크, 방수복에 가려져
비늘을 방어막처럼 뒤집어쓴 물고기처럼 보인다
허공에 드리운 줄을 물고 있는 저 몸은 자의인가, 타의인가
저 몸을 해석할 권한이 내게는 없다

바람이 거센 물결처럼 밀려와 그를 흔들어댄다
공중에서 균형 잡는 일이란
허공의 기울기를 몸으로 재는 일
낙하의 공포를 몇 번이고 견뎌낸 후일담처럼
가볍거나, 혹은 무겁거나

건물과 건물 사이, 바람의 메아리 소용돌이친다.
방금 전 그가 말끔히 씻어낸 유리창에
가시처럼 박혀 있던 햇살
바람에 후드득 뽑히며 비가 쏟아진다
비는 순식간에 한낮의 조명을 꺼버린다
사내의 몸을 튕겨나가는 빗방울
바람의 손아귀가 더 거세진다

줄은 잡을 수 있을 때 잡아야 한다
살면서 가끔 엉뚱한 것을 목숨처럼 움켜질 때 있지만
오만도, 자존심도 놓아버리고 줄을 잡아야 하는
지금은 우기
자신을 삼킬 듯 거대해지는 비바람 속으로
하강하는 사내의 비늘이 흩어진다

호랑이는 왜 人道에 누워 있었나

장난감 차와 인형들을 줄 세운 트럭 옆, 인도에 벌렁 누워 있는 호랑이 한 마리 눈에 들어왔다 순간, 동물원을 떠올리는 나와 밀림을 떠올리는 내가 갈팡질팡, 인도 위 호랑이에게로 다가서는 동안, 그의 거처가 불안하다 그가 문득 허리를 뒤틀자 팔베개를 한 그의 입에서 포효 대신 한숨 새어 나온다 인도를 걷는 그 누구도 호랑이에게 말을 걸지 않는다 플라스틱 발톱은 닳고 닳아 아무도 몰아세우지 못하고 헐렁한 껍질 속, 영양실조를 앓는 이빨만 무방비로 신음한다 한때 맹수의 발톱 드러내며 생을 포식했던 밥통 속에서 허기진 자존심 꾸륵거린다 그의 몸에 모욕처럼 달라붙은 햇살 떼어먹으며 어둠이 다가선다 자신을 가두었던 껍질 벗어 아무렇게나 차에 던져버린 그는, 허울뿐인 가장의 벨트 바짝 조이며 집으로 향한다 오늘도 로드킬로 사람을 희롱하려 했던 계획은 한낱 허세에 그쳤지만, 달려라, 호랑아* 수중에 헐렁한 껍질뿐인 그의 트럭은 요란한 시동을 걸며 질주한다

* 고형렬의 시 제목 인용

김영광 베이커리의 근황

빵 대신 메달이 진열되어 있을 듯한 김영광 베이커리, 간판 올린 사연이지 번번이 취업문 앞에서 거절당한 기억 꺼내먹던 그 남자, 한동안 수취인 부재의 비명 우편함에 구겨 넣고 소주병에 붉은 눈 헹구었지 허기가 허리춤에서 출렁거릴 때면 여자를 닮은 빵이 먹고 싶었대

밀밭이 햇살과 바람을 태우고 하얗게 부서지는 동안, 그는 멀찍이 달아나는 빗방울 냄새를 맡았어 차가운 골방에서 밀어낸 시간 반죽 속으로 스미고, 숨구멍마다 포실한 여자 들어앉힌 반죽 양손 가득 주물렀지 차지고 부드러운 빵이 만들어졌어

그런데 빵집 총각, 숙성 시간을 너무 앞당긴 걸까 바로 옆에 대형 빵집이 생겼어 처음엔 그의 빵을 달게 먹던 사람들, 맛을 저울질하며 옆 가게로 건너갔지 그는 이제 한껏 부풀었다 가라앉는 자신을, 다시 반죽해줄 여자 만나러 다닌다네 소보로 닮은 그를 여자들은 야금야금 떼어먹고 돌아서곤 해 그는 요즘 양손 가득 우울을 묻힌 채 축축 늘어지는 오후를 반죽하곤 한다네

'영광' 은 그의 베이커리와 너무도 멀리 떨어져 있다네

내 어깨 위의 검은 개*
—슬픔에 관하여

내 어깨엔 제법 큰, 검은 점 있어요
제발, 제게 성형외과 전화번호를 알려주는
친절한 짓 하지 마세요
이건 제가 키우는 애완견이랍니다
어느 아티스트가 어깨에 얹고 다니는 고양이 인형과는
본질부터 다르죠
이것은 살아 있는 검은 개? 라 할 수 있죠
키운 지는 꽤 오래되었죠
어느새 이렇게 부쩍 자라났는지
믿지 않으시겠지만, 난 이 녀석을 사랑해요

이 녀석은 봄만 되면 내 목을 조르곤 해
그럴 때면 커튼을 쳐줘야 해요
좀체 떨어지지 않으려는 버릇 때문에
무거워진 어깨를 견디기 힘들 때면
가끔씩 한 번 물면 놓지 않는 것들에 대해
마음 놓고 물어뜯을 미래를 꿈꾸기도 해요

한 번도 큰 소리로 운 적 없는 이 녀석을 위해
오늘 저녁엔 죽음과 소녀*를 틀어놓을까 봐요

성찬을 준비하는 거예요
살아 있는 것들은 식욕을 갖기 마련이죠
기꺼이 내 오른팔을 한 접시 내놓겠어요
나는 불구가 되겠지만
웃을 수 있어요
내 어깨 위의 검은 개가 스스로 내려올 때까지
나는 계속 춤을 출래요
아, 커튼은 그냥 놔두세요
봄꽃들의 아우성, 너무 환하면
또 다시 내 목을 조를 테니까요

* 배수아의 소설 「당나귀들」 소제목 인용
** 슈베르트의 현악4중주

함정

난 그것만 끝나면 세상을 다 얻은 기분일 것 같아
–신이여, 이 밖에 고하지 않은 모든 것을 끝장내 주소서

요번에 너만 괜찮다면 난 다시 한 번 해볼 생각이야
–신이여 제발, 다시는 우리가 환상 속에서 아무것도 반복하지 않게 하소서

넌 즐겁니? 난 전혀 즐겁지 않아
–즐겁지 않다고 고백하는 저 순결한 입술에 탄력과 광채를

내가 지금 웃는 게 웃는 게 아니야 어째서 나만 이 모양일까
–신이여, 웃음을 가장할 수 있는 천부적 재능이 결코 썩지 않게 하소서

이것만, 너만, 나만, 만, 만, 만
한 번씩 밸을 때마다 깊어지는 뻘
그 속엔 마치 천수관음의 손, 우리를 잡아줄 듯
불로수의 잔 넘칠 듯
황금가지 손에 쥔 듯
그녀의 속눈썹처럼 한 번 깜박였을 뿐인 흰빛을 좇아

쉼 없이 내딛는 발자국마다
먹이를 노리는
짐승의 눈빛, 형형하다

손바닥 정원

손을 한껏 펴본다 한 방향에서 조금씩 어긋난 곳을 바라보는 손가락들, 그늘을 갖지 못한 몇 그루의 나무와 꺾인 잔가지들 무수한 나의 정원

새의 울음을 기억하는 몇 개의 마디와
바람의 날숨 새겨진 몇 개의 주름
빗방울의 파문을 간직한 나이테
손가락에 각인된 나무의 몸을 읽는다

거문고를 타기도 했던,
해금의 허리를 부여잡던,
너의 머리카락을 쓸어내리던 다섯 그루 나무는 모든 떨림을 기억한다
기억은 시간의 틈새마다 하나의 마디로 저장되고
깊은 숨을 내쉬며 마디를 結할 때마다 나는 소리 없이 자라지만
때로는 자의로, 혹은 타의로 꺾이거나 부러지기도 한다

시작도 끝도 없는 상념의 실뿌리들 우글거리는 마당
나의 딜레마는 그것들 중 어느 것도 곧게 뻗은 나무를 향하고 있지 않다는 것

그리하여 다섯 그루 나무가 또 다시 한 그루 쓸쓸한 몸이 될 뿐인 나의 정원
마당 위엔 우르르, 습관처럼 바람에 쓸려가는 잎새들

손바닥에서 닳아버린 검은 돌처럼, 반짝거리는 슬픔을 꼭 쥐어본다

2부

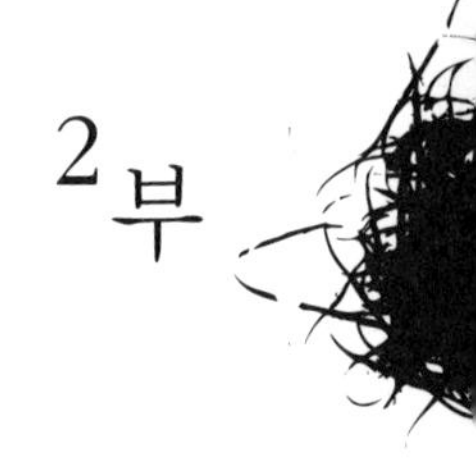

뼈를 세우다

나는 지금 바다를 우려내고 있어 고래와 상어, 청어가 끓는 바다를 맛보려 하는 중이야 내가 방심한 사이 멸치 떼를 몰고 가던 파도 한 채 끓어올랐지 냄비 위로 파닥파닥, 작은 은빛 파도가 꼬리를 쳤어 힘이 없고 작은 것들은 떼로 몰려다니지 어떻게 이 작은 것들이 뼈를 세우는지 몰라 나도 휘어진 내면의 등뼈 세우고 싶었어

몸속 굳은 내장과 라면처럼 꼬들꼬들한 상념 떼어내는 순간 당신도 허옇게 뒤집힌 그의 눈을 보게 될지도 몰라 물결을 놓치면서 눈 감아버린 그를, 졸지에 떼죽음 당한 무리 속 그를, 어쩌면 조금은 이해할 수도 있겠지 은빛 배와 검은 등줄기 가로지르는 뼈는 그냥 놔두는 것이 좋아 안으로 숨어버린 그의 까만 눈동자가 몸속을 뒤지고 있을지도 몰라

그의 많은 이야기는 가늘고 마른 뼛속에서 우러나오지 멸치를 통째로 씹어 먹을 때 살짝, 혀를 찌르며 씹히는 뼈의 말도 맛있지만 오래오래 끓여보는 거야 비린내도 흐물흐물, 뼈도 물컹해질 때까지

내 휘어진 뼈가 점차 일어서고 있어

허기

혼자 밥을 먹을 무렵, 일곱 살이었지
식어버린 밥그릇을 멀찍이 밀어놓은 채
오지 않는 어머니를 끌어당기고
멀어지는 햇살을 끌어당기고
갈 수 없는 길을 끌어당겼네

세상을 볼 수 있는 건 나의 두 눈뿐,
스스로 신발을 신어보지 못한 두 발은
어둠 쪽으로 무럭무럭 자라났고
건너편 가로등을 바라볼 때면
왠지 그 발은 나와 닮았을 것이라 생각했네
계절은 침대에 차곡차곡 쌓이고, 나는 점점 납작해졌네

새벽이면 골목의 어둠을 쓸고 다니는 늙은 낙타의 기침소리를 듣네
창을 통해서만 만나는 세상과 악수할 수 없어
손바닥은 바람소리를 수집했네
오토바이가 핸드백을 낚아챌 때
솟구치던 비명, 내 창틀에 걸리기도 했네
가로수 그늘 무참히 잘리고,

땡볕에 시든 그림자 노을 속으로 사라지면
나의 눈동자도 서쪽을 좇아 붉게 번지네

주차장을 어슬렁거리는 길고양이를 보네
저 동그란 등 속으로 소문 없이 스미고 싶네
도시의 불빛들로 눈화장하고, 뒷골목을 누비다 담장 위에 눕고 싶네
불편한 잠을 뒤척이는 아침 햇살을 할퀴고 싶네
넝쿨장미의 휘어진 목덜미를 물어뜯고 싶네
아주 독자적인 사냥술을 배우고 싶었지만
나의 생존법은 사각 틀 속에서 악취를 풍기네

늙어가는 풍경들 속에 나는 시들어가고
어머니는 아직 도착하지 않았네
길은 여전히 눈앞에서 튕겨나가고
나는 저만큼 달아나는 길을 쫓아 녹슬어가는 마음 굴려보네
배고픈 바퀴가 요란한 소리를 내며 달려가네

Honey Hunter

건너편 아파트에 봄단장을 하는지
페인트공, 로프에 대롱대롱 매달려 있다

히말라야 산중에도 저렇게
허공에 제 목숨 하나 매달아 놓는 사냥꾼 있지
빠랑게*, 그는 히말라야 구릉족
신의 선물을 찾아 랑탕 깊은 곳으로 들어간다
거대한 벌집 매달려 있는 그곳은 신의 영역
달콤한 선물일수록 겹겹의 위험으로 포장되어 있다

날카로운 돌칼, 옆구리를 찌르는 절벽 위에
줄사다리를 걸고 맨발로 오른다
벌집 속에 불덩이를 집어넣는 일은
자신을 제물로 밀어 넣는 일
한 번도 제물인 적 없는 내 이력 속으로
벌 떼가 몰려든다

그 시간, 마을에선 그를 위해 제물이 된 염소가
까맣게 불에 그슬리고 있을 것이다
벼랑 끝에서 흔들리는 몸

카트만두 유학 꿈꾸는 딸의 눈빛으로 꽁꽁 동여매고
쿠크리**를 뻗어 석청을 캔다

바람이 부는지
페인트공의 옆구리에 매달린 색색의 페인트 통
봄꽃처럼 너울거린다
–얘야, 높은 곳엔 절대 올라가지 말거래이
어머니의 다급한 외침, 그를 떠받친다

* 빠랑게 : 히말라야의 꿀 사냥꾼
** 쿠크리 : 석청을 캐는 도구로 끝에 칼이 달린 장대

기척들

아파트 벽이 천천히 젖고 있었다 차량들이 도로 위를 질주할 때 좀 전과 달리 물기가 만져졌다 말없이 지나가던 바람이 무료한 듯 창문을 툭, 걷어차는 순간 거실 창으로 흰빛이 희뜩 날렸다 빨래가 떨어지나 했다 차량들의 바퀴 소리가 일순 멀어지다가 어느 순간 툭, 끊겼다 때마침 끓고 있던 커피포트 전원도 덩달아 툭, 끊어졌다 순간, 주변이 정적에 휩싸이며 오한이 났다 다시 커피포트 전원을 올리고 창 쪽으로 걸어갔다 목련나무가 진저리를 치고 있었다 떨어진 꽃잎들이 나무의 목에 하얀 화환을 걸고 있었다 돌아서려는데 거기, 목련 그늘 아래 흰 러닝셔츠 차림의 위층 노인네 엎어져 있었다 나무에 매달린 목련과 떨어진 꽃잎 사이의 거리가 아득했다 비틀린 입가로 웃음도, 울음도 빠져나가는 것이 보였다 뭉개진 흙들과 짓이겨진 꽃잎들, 달라진 바람 냄새만이 그를 조문하고 있었다 가랑비는 말없이 떠나고 난 뒤의 일이었다 먼 곳에서 젖은 소리들이 도로 위를 달려오고 있었다

사거리

사방 인도에 걸린 네 개의 사다리, 태풍이 불어도 끄떡없다 오히려 그 앞에서 흔들리는 건 사람과 차량, 빠름과 질주의 미학을 선호하는 자를 늘 시험에 들게 한다 어느 아침 베란다에서 내려다본 사거리 중앙의 안내선, 거대한 가오리를 펼쳐놓은 듯 보였다 하루에도 몇 번씩, 급브레이크와 아찔한 비명이 가로수에 걸려 너덜거린다 그 사거리를 지키는 건, 납작한 외모를 불길한 예감처럼 펼치고 있는 저 가오리다

누구든 한 번쯤 지리멸렬한 삶에 대해 무모해지는 순간이 있다 그때를 놓치지 않고 낚아채는 검은 손, 선명한 사다리를 무시하고 무단으로 건너던 그는 날개를 꿈꿔왔는지 모른다 아니, 어쩌면 매일 사다리를 올랐지만 늘 빈손이었던 스스로를 공중에 남겨두었을 것이다 저기 검붉은 얼룩은 혼자 남은 사다리가 모로 쓰러질 때 생긴 흔적

사거리가 휘청대지 않도록 안내선을 바짝 끌어당기는 가오리 덕분에 사거리는 오늘도 명랑한 바퀴들의 운동장 바퀴들의 경주가 줄을 잇는다 가오리의 힘줄이 더욱 팽팽해진다

구름세탁기

가끔 거실에 누워 하늘 산보할 때면
우르르 몰려다니는 무리들 만날 때 있지
갑자기 들려오는 우레에, 화들짝 놀라 두리번거리면
잔뜩 찌푸린 채 입 불거진 구름가족들
불현듯 세탁기 돌리고 싶지

언젠가 남편이 끌고 온 안개를 넣고 세탁기 돌린 적 있어
걸-그룹 노래가 꾸역꾸역 돌아가더니
거품 가득한 여자의 웃음소리 콸콸 쏟아져 나왔지
때론 밤늦게 들어온 아이의 바지가
세탁조 둥근 모서리 짚으며
밤새 비-보이를 공연하기도 했어
그럴 때면 구름 한 채씩 받아먹은 세탁기
수평 놓치고 온몸으로 경련했지
수평을 맞춘다는 건, 자신을 착착 접어
들뜬 틈새에 밀어 넣는 일이지
뚜껑 열고 마구 엉킨 구름들 풀어놓다 보면
뜬구름 몇 장 껴 있기도 했어
새털구름처럼 나달나달해진 그것들 끄집어내면
집안은 아무 일 없었다는 듯 잘 돌아갔지

미처 헹궈지지 않은 불안과 의혹 밀어 넣고
몇 번씩 눌러지던 헹굼 추가 버튼

구름의 속성은 쉽게 물기를 모은다는 것
번번이 눅눅해지곤 하지
그럴 때면 우리에게 필요한 건 구름세탁기
뭉게뭉게 미소 짓는 뽀얀 얼굴을 풍선처럼 날려주지

'머물다'에 머무르다

저는 지금 '머물다'란 단어 곁에서 한참을 서성이고 있습니다

-딸의 나이는 38세, 정신연령은 9세에 머물러 있습니다-

전봇대가 딸을 잃은 어미의 마음을 붙들고 있네요
38세와 9세 사이에 희미한 얼굴이 웃을 듯, 울 듯 먼 곳을 바라봅니다

골목 밖으로 쏟아진 기억들, 내 손을 잡아끕니다
햇볕이 한나절씩 앉았다 가는 댓돌 위
당신의 파란 장화가 모로 누워 있는 곳
두 발이 거침없이 마당으로 뛰어듭니다
흙냄새가 간지럽습니다
무른 기억들, 담장 밑에 웅그러져 있습니다

문 옆에 세워둔 당신의 지팡이가 생각납니다
당신의 짧은 한쪽 다리 대신 키우던 나무
그 뭉툭한 다리 끝에도 뿌리가 뻗었는지 보고 싶습니다
당신의 손가락에도 그 사이 잎새가 돋았는지요

우리는 모두들 어디론가 흘러가지만
우리는 모두 어딘가에 머물러 있고
당신이 지금 가고 있는 그 길과
당신이 문득 멈춰 선 그 사이에
빨간 신호등, 좀체 꺼지지 않고 있네요

양귀비 수난 시대

–아따, 꽃 좀 보려고 몇 포기 심었는디 그것도 죄가 된당가
　고 하늘하늘한 낯짝이 울 마누라 처녀 적 속살 같아 좀 두고
볼라갔더니 말쎄

제대로 꽃 한 번 못 보고 꺾인 마음에 먹장 낀다
천지사방 꽃 축제 지천인데
텃밭 양귀비는 쨍한 삽날에 짓이겨져
줄기고, 이파리고, 우르르 한구덩이에 묻히는데
덩달아 노인네의 주름진 추억도 흙투성이가 되고

보송보송 털 달린 꽃 양귀비는
축제마당에 불려 나가 절창을 뽑아내고
텃밭에 몰래 심어 혼자 보려던 양귀비는
속이 타들어 제 낯빛 놓치고야 말아

죄목은 아픔을 잊게 하고
꿈꾸게 한 죄
갖고 싶은 것 안겨주는 꽃의 힘이 모두 독이라는
독은 독을 견디지 못하니
맨몸으로 살라는

향기도 벗고
꿈에 절은 마음도 벗고
때 되면 시드는 몸만 품고 살라는
지독한 형벌의

꽃의 출처를 묻다

매화축제 한창인 광양에서
어린 매화 한 그루 사들고 돌아오는 버스 안
술 취한 사내가 내게
'꽃이 어디서 왔는가'를 묻는다
연이어 그 꽃은 당나라에서 온 것인데
왜 광양에서 축제를 여는가, 사뭇 시비조다

안산시 원곡동에서 태어난 동규
엄마는 파키스탄인
어린이집 햇살방에서
장난감 갖고 실랑이하던 철희가
동규를 떠밀며 대뜸
–니네 나라 가, 하며 쏘아본다

아직 어린 봄의 손을 잡고
멀리서 온 꽃들과 사람들에 대해 생각한다
그들의 뒷잔등에 묻어 있는
먼 나라의 바람 냄새를 맡는다

그대 사는 그곳엔 매화가 피었는지요

벚꽃은, 백목련은,
아참, 울밑에 봉선화도 피었는가요
그 꽃은 모두 어디에서 왔나요?

뿡

–야야, 내가 그 무엇이냐 '뿡' 좀 해보면 어쩌겠냐?
순간, 뿡이란 단어가 내뿜는
귀여우면서도 허망한, 몽롱한, 음습한
말풍선의 꼬리를 잡고 피식, 웃음을 흘리는데

주저앉은 어머니 가슴 위로
가라앉았던 꽃내음
스멀거리며 피어올랐다
불기 가신 줄 알았던 저 가슴은
잠깐 휴식 중이었을까
는적거리는 가슴 추스르는 어머니
훔쳐보는 순간
잊고 있었던 어머니의 비단 같은 봄날
눈앞에 펼쳐지며
은빛 연어 한 마리 푸드덕거렸다
이마 위 땀방울에 얹힌 빛의 손은
차라리 잔인한 구속이었을 터,
저 싱싱한 가슴 베어 물고 비대해졌던 욕망들
풍장 치르는 시간
나는 불쑥, 바람 들락거리는 가슴속에

두둑하니 흙을 돋우고
실한 뽕나무 한 그루 심고 싶어졌다
초록바다 유영하는 뽀얀 젖빛 애벌레
손 위에 올려놓고
살아 있는 것의 근지러움, 다시 맛보고 싶어

낙타가 도시를 건너는 법

낙타에게 이 도시는 오체투지로 올라야 할 신전
매번 답을 얻지 못해
오늘도 도시를 횡단하는 낙타 한 마리
몇 해째 빌딩 사이를 헤매고 다녔지만
이곳은 낯설기만 해, 눈을 뜨면 늘 제자리
별은 좀체 뜨지 않았다

섣불리 도시에 발을 들이는 것은
또 다른 사막에 들어서는 일
귓속으로 흘러내리는 모래 울음 사이로
사람을 태운 채, 어둠상자* 속으로 들어간
낙타 이야기 간혹 들렸지만
그 누구도 이 도시를 탈출하지 못했다

사나운 바퀴들의 질주나
어깨를 짓누르는 등짐의 무게보다 두려운 것은
실족한 꿈들이 뿜어내는 신기루
어제도 아들은 돌아오지 않았다
모래바람 앞에 무릎 꺾일 때면
속눈썹 바람에게 내어주며

도시의 새벽 신전에 경배를 드린다

아스팔트 검은 등을 소금처럼 핥으며
또 다시 한 발 내딛는 하루
낙타의 속눈썹이 점점 사라지고 있다

* 카메라의 어원인 그리이스어 Camera(방, 상자)+Obscura(어둠)에서 빌려옴

둥지

신발장 속, 한쪽만 닳아 있는 구두 굽들
물끄러미 들여다보다
몇 켤레의 구두 쓸어 담고 찾아간 수선점
포플러 가로수 옆, 숨은 새집처럼 바짝 웅크려 앉은
그곳의 사내는 없는 다리 한쪽 방석 밑에 감추고
굽의 종류와 가격 설명하느라 바쁘다

보이지 않는 다리의 사연 궁금한 속내 감추고
네, 네 착한 아이처럼 대답하는 새새로 훔쳐 본 가게 안
타인의 구두에 묻은 때, 그에게로 건너올 동안
팽팽하게 손 당겨 윤기 나게 길 닦았을 헝겊이며
깔창, 징걸이, 구두칼, 각종 자재들
제각기 자리 하나씩 물고 앉아 있는,
유난히 반짝이고 싶던 나뭇잎 하나 사르륵 찾아드는 그곳

잃어버린 발을 찾아 나서지 못하는 남자 대신
먼 곳에서도 신발들 수시로 날아와
그의 사라진 발 훔쳐보며 한참을 지저귀다 가곤 한다
오늘도 낯익은 신발 하나 찾지 못한 그가
다른 새의 알을 품듯, 신발들 끌어안고

새로 태어날 새끼들 갈무리하는 둥지 속
낯설었던 냄새들 저물어간다
간혹, 주인 잃은 신발들 선반 위에서 졸고 있을 때면
그는 허공 속으로 캄캄한 발을 밀어 넣기도 할 것이다

牛音島*

섬의 이름 듣는 순간
비의 울음 새어 나왔다
우음, 움, 음, 음……이건
섬의 신음소리일지도 몰라

언덕바지에서 바라본 마을 고즈넉한데
'그린 시티' 라는 명목 앞에
철거 앞둔 마을 사람들 얼굴엔
녹슨 철조망처럼 쇳내가 묻어났다
마을 가까이 다가가보니
벽마다 박혀 있는 붉은 블랙홀
신호를 기다리는 총구멍 닮은,

섬뜩한 움직임 감지했는지
우왕좌왕하던 갈대들, 울음 터뜨렸다
한가롭게 풀을 뜯던 검은 염소들
아무것도 모르고 따라 울었다
블랙홀이 꿈틀거리기 시작하면
마을은 금세 사라질 터
울음이 멀리 새나가지 못하게

블랙홀은 삽시에 섬을 삼킬 것이다

섬을 돌아 나오는 길
섬 밖에서도 들리던 소의 울음소리 흔적 없고
점차 커지던 신음소리
싸움에서 지고 온 아이의 뒷잔등 후려치며
섬이 울고 있다
갈대들의 시커멓게 부서지는 얼굴
쉼 없이 씻어 내리며, 비가
섬의 울음 꺽-꺽, 삼키고 있다

* 우음도 : 소의 울음소리가 섬 밖에서도 들린다 하여 붙은 지명. 화성 송산리 고정면 인근의 섬으로 그 일대가 송산그린시티사업의 일환인 유니버셜 스튜디오 설립부지이다

두부

맨살 위로 철퍼덕 철퍼덕 부딪혀오는
때밀이 아줌마의 두부살
아랫배와 허벅지엔 수술자국
거친 지퍼처럼 닫혀 있다
세상의 악의들, 이리저리 부딪힐 때마다
몸을 열어 단번에 삼켜버리고
이내 제 살로 돌아오는
두부의 출입구, 눈앞에서 출렁거린다
맨살에 부딪는 따뜻한 탄력에
방금 만들어진 두부를 한 입 베어 문 것처럼
몸 안쪽이 따스해진다

제 살을 뭉텅 내어주고 뭉그러졌을 저 몸은
한밤중이면 다시 지퍼 열리고
한나절 동안 제 몸에 박혔던 타인들의 슬픔과
냉소의 칼날, 대가로 받은 지폐 쪼가리들
꺼내어 방구석에 밀어놓는다
내어준 살덩이만큼 채워주는 단잠 속으로
한 바가지의 짠 설움 간수로 부어질 때마다
참았던 통증, 녹슨 대문처럼 열렸다 닫히고

두부는 다시 제 모양을 찾는다
아침이면 또 다시 두부에선 김이 모락모락 오른다

붉은 눈물

'피눈물' 을 지우는 아이들을 보았다
언 손 녹여가며 하얀색 페인트롤러로 힘겹게 문지르던

재개발 지역 담벼락에 붉은 페인트로 써진
피
눈
물
금방이라도 피가 흘러내릴 것 같은 글씨 위로
흰색 붕대가 감긴다
한 겹으로는 금세 피가 배어나올 것 같아
연거푸 감아보지만
가슴 위로 자꾸만 돋아나는 붉은 소름

–얘들아, 빨리 해치우고 우리 날자
 존나 춥네, 뭘 자꾸 칠하냐
 대충 문지르면 되지. 얼른 날자고

급히 감겨진 붕대를 뚫고
힘겹게 빠져나오는 핏방울 속
언뜻 낯익은 얼굴
한 아이가 자꾸 돌아다본다

3부

만항재 안개

만항재엔 양서류를 닮은 짐승이 산다 놈이 축축한 몸으로 산 정상을 기어오르다 쏟아놓는 배설물은 어쩌면 다족류의 근원일지 모른다

언젠가 종일 목을 늘어뜨리고 있던 사내를 등 뒤에서 삼켜버린 짐승과 맞닥뜨린 적 있다

는개비 내리는 날이면 당신은 만항재 늑골에서 노 젓는 소리 들린다 했지 왜 바다가 아니고 산이냐고 묻던 내 앞으로 '망각의 강' 이 흘렀다 그것이 아니라면, 혹 당신은 노아의 방주라도 갖고 싶었던 걸까 온갖 야생화를 끌고 산으로 들어가는 그의 등 뒤로 거대한 짐승의 턱이 벌어지는 소리 들렸다 한 번 안개 속으로 사라진 사람들은 전향할 줄 모른다 더불어 안개족이 될 것인가는 남은 자의 몫, 나의 슬픔은 물이끼를 닮아간다

당신의 노 젓는 소리 들린다

나는 오늘 안개라는 짐승의 입속으로 걸어 들어간다

목련 발자국

꽃들도 발자국을 남긴다는 걸 알았네
어제 내린 밤비에 물컹거리는 진흙바닥 디디며
막 계절을 건너가는 목련의 발자국
서두른 흔적 보이네
꽃잎 이리저리 어지럽게 흩어진 모습
상갓집 신발들 보는 것 같네
급히 우리들을 떠나간 당신도 빗물을 밟고 갔네
나의 일별을 쓸쓸해하며 돌아서는 당신의 발자국
내 발을 밟고 가네
몇 번이고 밟혀 짓이겨진 발등은
언제 이 봄을 다 건너려나
서둘다 보면 넘어지는 봄이네
넘어지면 일어서기 힘든 봄이네
당신처럼, 놓치고야 마는 봄이네
발자국은 점점 선명해지다 홀연히 사라지네
내 기억 속의 당신도 어느 날 문득,
저 꽃잎처럼 사라지고 말겠네

물방울 렌즈

누가 밤새 저 감나무 잎새마다 카메라 매달아 놓았나

바람 흔들어대도 연방 셔터 눌러대는,
설핏 비친 겹벚꽃 겨드랑이 속살과
'피아노 모텔' 나서는 연인, 재빨리 줌-인해 찍고는
구름의 느릿한 발걸음과
바람의 뒤통수도 한 컷
쓰레기봉투 후벼놓고 지하계단으로 잠적한 고양이 꼬리,
고층 베란다에서 까치발 들고 새를 부르는 여자까지
대롱대롱 담고 있는 물방울 렌즈

새 한 마리 햇살 쪼며 날아오르자
수십 장의 풍경들, 사방으로 흩어지고
배터리 잃어가던 물방울 카메라
서둘러 감나무의 속사정, 연사로 찍어댄다
얼결에 빨려든 하늘
감나무의 배경이 시퍼렇다

마량리 동백

바람의 손톱 매서운 봄날
마량리 동백 숲으로 들어섰다
출산의 기미는 보이지 않고
아랫배만 묵지근하니 쳐져 있는 동백나무
축제장엔 품바소리, 지르박, 풍선이 날고
봄날 주꾸미가 꿈틀거린다

귀를 찢는 소음 속에서
비칠거리던 다리 사이로
이슬 비친다
핏방울 한 점, 두 점
왈칵, 난산이다
몸을 바짝 오므린 채
고개 내민 붉은 핏덩이
노구가 받아 안는다
주름진 눈두덩에
갓 태어난 햇살 비친다

잠잠하던 동백꽃 봉오리
덩달아 몸을 뒤틀며

고개를 내밀락 말락
삐죽삐죽 울음이 터질락 말락
햇살이 좁고 긴 산도를 비추자
와락 터지는 동백의 첫 울음, 붉다

꽃의 눈물 윤초閏秒*를 건너간다

* 윤초 : 표준시와 실제 시각과의 오차를 조정하기 위해서 해마다 7월 1일과 1월 1일의 0시를 기해 더하거나 빼게 되는 1초

소리의 몸-울음깨기*

놋쇠는 제대로 된 몸 하나 갖고 싶었던 게다 바람보다 빨리 하늘에 가 닿는 목소리까지도 갖고 싶었던 게다 달도 없는 밤, 귀 밝은 사내가 다만 쇳덩이일 뿐인 놋쇠의 흐느낌을 듣고 그 울음 차마 내치지 못한 것

불꽃들과 쇳덩이와 망치가 서로를 겨누는 밤. 새로 태어나기 위해선 송두리째 저 불 속에 자신을 밀어 넣어야 한다 쇠는 불을 먹고, 메를 먹고, 소리를 먹고 끝없는 메질 속, 뜨거운 윤회

놋쇠를 두드리는 메 한 번에 울음이 자라고 그 울음은 둥근 입모양을 갖는다 메가 거듭될수록 입에서 단내가 빠져 나온다 징 울음을 깨우느라 분주한 장인의 귀와 손끝은 어느새 앞산까지 늘어나 있다 가장 깊은 곳의 울음은 끝없이 자신을 두드리는 바깥을 온전히 견디고서야 터져 나온다

부유하는 여명의 숨소리를 밀어내는 금빛 파문, 윤회의 틈 속으로 소리의 몸 활짝 열린다

* 울음깨기 : 방짜로 만든 징, 꽹과리 등 모양새보다 소리를 생명으로 하는 악기를 만들 때 적정한 소리를 민감하게 우러나오게 하는 과정으로 울음잡기라고도 한다

결구배추

속이 꽉 찬 김장배추를
결구배추라 한다지
그 단단한 이름 들으며
느슨하게 벌어졌던 마음 바짝 오므라들었지
어미닭처럼, 무엇인가 품고 둥그래지고 싶은
여물어 단단해지고 싶은
차진 말
가을 가뭄에 물 한 동이,
단맛을 낳는 한 아름의 말
배추벌레를 키우고
여치와 달팽이 안고 펄럭거리던
치마폭 다소곳이 여미고
한 자리에 눌러앉을 때
같이 내려앉던 여문 햇빛들이며 산들바람
배추의 치마 속에서
두근두근 살 오른다

환한 그늘

지팡이가 노인의 그림자를 끌고 간다 봄의 지문처럼 벚꽃 잎 점점이 박혀 그림자의 등 잠시 환해진다 꽃잎도, 사람도 한 겹 날개를 접는 시간 속으로 잠깐씩 환해지는 저 그늘은 누구의 영역인가

저수지를 따라 버드나무와 벚나무, 개나리 행렬들 지팡이는 툭, 툭, 수십 년 낯익은 나무들의 복사뼈를 치며 간다 제 식구들 깨우는 가장의 몸짓처럼 무심한 듯 다정한 풍경이 흐르고

나무를 읽어온 사람에겐 나이테 둥근 몸이 읽어가는지 봄물 긷던 나무들 손을 놓고 늙은 나무 한 그루의 산책을 바라본다 여린 잎새들 노인의 어깨에 매달리는 순간 비틀, 나무 쪽으로 어깨를 기대는 그림자 위로 화르륵, 봄이 번진다

파닭

날개 달린 족속들은 파닥파닥 날개로 비명을 지른다
잘려나간 머리 대신, 파 채 뒤집어쓴 파닭
토막 난 울음까지도 고소하고 매콤하게 포장된다

프랜차이즈명 '파닭에 파무쳐' 를
파닭에 파묻혀로 읽기도 하는 난, 종종
닭털에 파묻히는 악몽에 시달리며
옴짝달싹 못하는 닭장의 그놈 대신
그곳을 뛰쳐나와 '나라라 파닭' 이 되고 싶고,
암탉들의 소리 없는 출산에
암컷인 나는 '미쳐버린 파닭' 이 되고 싶고,
나의 자궁 속 알알이 붉은 울음
껍질도 깨지 못한 채 떠내려갈 때
삼키지도 않은 닭 뼈가 목구멍을 막은 듯 울컥거리고,
하수구에 엉킨 머리카락처럼 파 채는 삼켜지질 않고

죽음에도 날개가 달리는 것인지
파닭 한 마리 눈앞에 놓일 때마다
파닥파닥 싱싱한 비명이 날아간다

동행

꽃그늘 노란 휘장 걷히고
축제도 끝나 한적해진 마을
그믐달 같은 할머니 허리가
나지막한 담장 골목 들어설 때
익히 안다는 듯 몸 기울여 할머니 안는 담장,
끝을 좇아 들어가니
아무렇게나 걷어낸 비닐 위로
봄볕 엎어져 있는 할머니의 집

매일 당신이 살아 있나 들여다보는
울타리 밖 나무와 나이가 얼추 같다며,
일본에 가 있는 아들 이야기며
벌써 스무 해째
밥상에 수저는 한 벌뿐이라고
빈 사발처럼 웃는 구순의 할머니 입속에
비 맞은 연등처럼 걸려 있는 두 개의 이
정면도 아닌, 배후도 아닌 곳에 매달려
생을 버티고 있는 저,

산수유 얼크러진 잔뿌리 얼굴에 가득 뻗어

나무가 할머니인지
할머니가 나무인지 도통 모르겠는데
-저녁 해 들기 전에 마을 한 바퀴 돌아야지
저물어가는 손이 산수유 비탈진 허리 짚는다

장안문*

덩치 큰 사내가 버스정류장 앞에 우두커니 서 있다
그는 수백 년을 한 자리에서
타인의 지문을 읽는 일로 자신을 묶어 놓았다
발이 묶여 있다는 것, 그것은 갇힌다는 것의 또 다른 형식
어떤 아버지는 아들의 기억 속에 스스로를 유폐시키기도 했다

밖이 안이 되고, 안이 밖이 될 수도 있는 시간 속에
홀로 제자리를 지킨다는 것은
돌의 심장을 갖는 일
때로 돌 한 귀퉁이가 부스러지거나
계절을 따라 이끼를 입는 것은 인간적이다

한 곳에 묶인 채
하늘과 구름, 바람 같은 신의 영역을 훔쳐보는 것은
꽉 막힌 공간에서
막혀가는 목소리로 아버지를 부르듯
한없이 멀고, 슬프고, 캄캄해지는 일

차량과 상가의 소음 속에 사내의 적막도 늦도록 수런거린다
그는 사람들이 모두 집으로 돌아간 뒤에야

먼지에 찌든 자신의 발등을 곰곰 들여다볼 것이다

수백 년 된 기억의 뒤주 속을 뒤지던 늙은 아이가
달빛 아래 잠꼬대하듯, 아버지를 부른다

* 조선 정조가 부친 사도세자를 향한 효심과 개혁의 꿈을 실현하려고 세운 수원 화성의 북문

변신

가는 어깨뼈가 그대로 드러나 있는,
한 번도 품위 있는 옷을 걸쳐보지 못한 옷걸이
물 먹은 티셔츠를 입자
노인의 어깨뼈가 그대로 찍혀 나온다
옷장 손잡이에 걸린 채
빈 몸으로 서서야
저녁 어스름 빛에 늘어진 제 몸을 읽는다
드러난 어깨를 섹시하다고 느끼거나
한쪽으로 휘어진 몸을 S라인으로 읽는 건
당신의 취향
그녀는 번번이 입맛에 맞지 않는 옷을 걸치고
딱딱하게 굳어 있다
가끔은 흰 러닝셔츠 받아들고 녹물 들까 안절부절
오직 그녀를 읽는 건, 옥탑방 노인뿐
상처를 드러내는 것이
탈출구가 되기도 하는 법인지
누군가 폐기 쪽으로 기운 그녀의 몸을 비튼다
삼각의 뼈대가 직선이 되어 하수구를 뚫거나
요철이 되어 컵을 물거나
운동화를 혓바닥처럼 늘어뜨리기도 하면서

한 번도 살아보지 못한 시간 쪽으로
그녀, 성큼 걸어 나간다

물의 행로

세차게 내리던 비도 그친 지 오래인데
아파트 14층, 홈통 타고 흐르는 훌쩍임
질기게 내 귀를 붙잡고
유랑의 고달픔 쏟아놓는다
이 물은 어디서 태어나
이 밤, 핼쑥해진 얼굴로 내 집 앞을 지나가는가

서로의 몸 포개지고
환희가 포말로 부서지는
그곳에 닿기까지
어둠 짚어갈 물의 차가운 손
꺾이는 모퉁이마다
울컥거리며 부서지는
비의 발자국들, 점차 멀어질 때
감은 눈 속으로
긴 어둠 깨는 빛의 호흡 반짝거리고
이 별을 적시며 밤새 흐르고 있을
모든 물의 행로가 궁금해지는 밤

귓속 가득 차오르는,

물들이 한곳에 모여
서로의 입에 달빛 떠 넣어주는 소리

숲의 힘

곰배령 오르다 만난 그루터기

타살하려던 누군가의 흔적 속,

타다 남은 하반신에서 제압하려던 자와

불꽃 튀는 한 판 격전 들여다뵌다

불구를 지탱해야 하는 뿌리의 안간힘이

정맥류처럼 불거져 있다

가만 들여다보니

누군가를 향해 종주먹 내지른 듯

부러지고 찢긴 몸에 자못, 힘이 담겨 있다

힘이 담긴 상처는 이미 상처가 아니다

조용한 벼림은 시간을 베어 먹고 단단한 무기가 된다

주변의 새싹들 그루터기 밑동에 매달려 푸른 눈을 반짝인다

이끼들 달려와 그루터기를 여미고 있다

방전되었던 힘은 머지않아

충전완료의 눈빛으로 우리를 호출할 것이다

해빙기

1.
아이스박스의 냉기에서 막 풀려난 갈치
상대를 노려보는 눈빛과
앙다문 입
온통 싱싱한 결기로 눈부시다
은빛 비린내를 공유한 칼날,
갈치를 내리치는 순간
얼었던 바다, 파열음 튕기며 토막 나고
끝까지 놓지 않았던 낚시 바늘, 그제야 토해낸다
도마 위에 한 생이 서서히 녹아내린다
갈치의 아득한 눈빛, 물에 씻어내릴 때
어디선가 남극의 빙하 녹는 소리 들린다

2.
삶 속에 단단히 이빨을 박고 있던 것들이 빠지는 순간
온몸이 흐물흐물 녹아내린다
얼음과 물은 근친이지만
때로 근친이 상극일 때도 있다
초봄에 화초가 얼어 죽었다는 말은
줄기며 푸른 잎, 단단히 붙들었던 뿌리들

손을 놓고 물로 흘러갔다는 것
물은 거꾸로 흐르는 법 없다

푸른 꽃

집 밖으로 나온 변기
폭염에도 땀 한 방울 흘리지 않고
하얗게 빛나는 얼굴로 길가에 앉아 있다
제 품 안의 것들, 흐뭇한 듯 바라보는
그 표정 자못 궁금해 속을 들여다보니
여린 상추 몇 잎과 고춧잎 옹기종기 모여 있다
그 모습에서 왠지 엄마 냄새 풍겨
흙냄새 나는 시간 속에 가만히 얼굴을 묻어본다
밭이랑을 일구던 손 대충 문지르고
품으로 뛰어들던 새끼들 비벼대던,
까맣게 그을린 어머니 얼굴
한낮의 풍경이 보여주는 저 환한 대조법
굳이 냄새나는 배설물 들썩이지 않고도
너끈히 먹을 것을 키워내는 저 변기 속 은유라니
오늘 상추쌈에 풋고추 한 입 먹고 나면
내일은 우리 집 변기에도 푸른 꽃이 피겠다

4부

풍경은 주홍빛 저녁을 울고

저녁 햇살 거실 구석에 고여
자글자글 끓고 있을 때
TV 속 범어사 예불 종소리
마음의 한지 속으로 은은하게 번져 왔다
텅 빈 집 소파에 누워
대웅전과 3층 석탑과
고요가 들끓는 절 마당을 보며
스님의 염불소리 듣고 있자니
저절로 마음이 절 마당으로 들어섰다

염불에 감염된 속세의 이녁,
한때가 젖어갈 때
TV 속 스님, 혹 속세의 미혹으로
기우뚱, 견성의 보폭을 잃지는 않았을까
무늬가 다른 두 마음 사이로
때마침 풍경은 주홍빛 저녁을 울고
서로 건너가지 못한 채, 입술만 들썩이다
초인종 누르는 소리에 화들짝 놀라
TV 밖으로 튀어나왔다
쓸쓸함이 모래알처럼 쏟아지는 저녁이었다

등

생의 이면을 읽는 독법이다
둔감하거나 무관심에 함몰된 자의 시력으론 좀체 읽히지 않는다

굽어 있거나, 꼿꼿하거나, 휘어져 있거나
솔직함이 드러나는 대목에서 가끔 울컥할 때도 있지만
그것이 自傳적일 때 솟구치는 짜증도 있다

생활은 정면충돌을 피한 채
우리 등에 맘껏 낙서를 즐기지만
자신의 등에 적힌 적나라한 문장,
본인은 읽지 못한다
때로 삶이 서글퍼지는 건 자의가 아닌 타의로 함부로 읽힐 때
사는 즐거움은 오독 아니겠냐고 말하는 누군가도 있겠지만

품어야 할 말이라도 있는 듯, 바짝 웅크린 그의 등에서
난해한 대목을 만난 것처럼 내 시선은 같은 자리를 맴돈다
밤이 깊을수록 그의 등은 외딴 섬을 닮아간다
섬을 적시는 거친 파도소리

그의 등에 가슴을 묻는다

아무도 읽지 못한 그를 오늘에서야 제대로 읽기 시작한다

봄

–애야, 꽃이 떨어지는 걸 낙화라 하고
  잎사귀가 떨어지는 걸 낙엽이라 한다며

설마 낙엽을 몰라 물으시는 건 아닐 텐데
생각해보니 낙화는 모를 수도 있겠다 싶어
그렇지요, 하고 말을 늘이는데……

–내가 너무 좋은 시를 TV에서 들었는데 한 번 읽어보랴

– '가야 할 때가 언제인가를
  분명히 알고 가는 이의
  뒷모습은 얼마나 아름다운가'

낯익은 시의 첫 구절을 벅찬 듯 읽으시는 어머니
–어쩜 이렇게 아름다운 글이 있냐
  근데 거기까지만 겨우 받아 적었다

칠순을 바라보며 더듬더듬 한글 깨치시는,
시 쓰는 딸 흉내를 내봤다며
토막 난 글 부끄럽게 내보이시는,

처음 시다운 시를 접한 감동에 전화기를 드신
어머니, 그 메말랐던 가지 끝에 물기 끌어당기는
목소리, 뒤뚱뒤뚱 걸음마 떼며
파릇하게 돋아나는 글자들 위로
떨며 피어나는 꽃.

장마

비의 악보가 끊임없이 넘어간다
폭풍우처럼(tempestoso), 격하게(agitato), 지상을 두드리는 클라이맥스가 범람한다
나는 하루 종일 밖을 향해 열려 있다
안과 밖의 경계가 허물어지는 시간
흘러내리는 것들에겐 누구도 관여하지 못하는, 저만의 길이 있다
제자리로(al loco), 돌아가는 비
나는 어디로도 흘러가지 못한 채 계속 고인다

비의 연주를 듣는 동안 나를 구성하는 물의 일부가 교체된다
변신을 꿈꾸는 나른한 정오
나는 흘려지고, 눅눅해지고, 지루해진다
지루한 것들은 모두 냉동실에 넣고 싶은 시간
오래된 슬픔, 시들어버린 관계, 찐득한 체온, 식어버린 말들

제멋대로 파고들어 나를 휘젓고 사라지는 저 비는 무례하다
나는 점점 차가워진다
일방통행을 주장하는 저 비에 대해 나도 일방적이 되기로 한다
창을 닫는다

내 안에 비가 갇힌다
빗소리가 점차 약해진다
비는 익사하는 중이다
느리게(andante), 느리게(andante)

폐허가 봄을 방목한다

텅 빈 곳에서 적막이 태어난다 바람이 황량한 냄새를 몰고 와 진을 친다

제각기 분주함으로 버석거리던 가족들, 어쩌다 방 하나씩 차지한 날이면 낯선 냄새들 안주인처럼 집 안을 서성였다 나는 번번이 어둠 속에서 걸레를 움켜쥐었다

누군가 던진 공이 벽을 튕기고 뛰쳐나간 날이면 베란다로 나와 공터를 내려다보곤 했다 2년 째 비어 있는 아파트 부지, 어디로도 이주하지 못한 쓰레기들과 널브러진 시멘트 덩어리, 웅덩이 서너 개가 한눈에 들어왔다 철근이 웅덩이에 제 속내 벌겋게 우려내고, 공이 그 옆에서 아무렇지 않게 물을 마셨다 겨우내 싸라기눈과 함박눈 다투는 사이, 땅의 잿빛 얼굴 비명도 없이 매장되었다 봄비 서너 차례 지나가고, 새의 날개 몇 번인가 땅의 안부 묻고 가더니 바람의 놀이터로 우르르, 봄이 몰려왔다 햇살을 끌어당겨도 좀체 마음이 마르지 않을 무렵, 우기가 지나고 있었다 가을이 터덜거리며 건너갈 때 한 뼘쯤 앙상해진 내가 눈보라를 업은 채 겨울 속으로 들어서는 모습 보였다

나는 몇 개의 계절을 절룩거린 후 여전히 빈 방들이 모여

있는 집으로 돌아와 폐허를 부려놓았다 집 안이 꽉 차 보였다 그런대로 아늑하였다 그런대로 한 살림 꾸려갈 수 있을 것 같았다

헌책방 가는 길–배다리

마음의 지도*를 꺼내들고 길을 나섰다
내 유년으로부터 청춘의 가지를 뻗던 그 길
수없이 매달렸던 나뭇잎들, 다들 어디로 떠난 것인지

기찻길을 따라 길게 늘어섰던 헌책방들
'아벨과 삼성' , 몇 군데만 문이 열려 있고
길을 찾는 사람들로 다져진 길 위에서
한자리를 지킨 건물과 주인과 책들
그 오래된 것끼리의 은밀한 단합 속엔
수십 년 된 벽난로의 그을음처럼
시커멓게 늙은 비유들 단단하게 붙어 있다
흐린 불빛 속, 책장과 사다리 틈새로 오가던 눈빛들,
책장에 올려놓고 가버린 숱한 이야기들 뽀얗게 쌓이던 곳

열어보는 책갈피마다 수없이 뻗어가던 길
끝없이 이어지다 툭, 끊기고 삽화처럼 낀 백지가 절벽으로 다가서기도 했다
그 아득함을 뒤로 하고 또 걷노라면 꿈속인 듯, 아련히 떠오르는 은유의 마을

내 삶에 아직도 드러나지 않은 얼굴은 어느 페이지에서 나를 기다리고 있는 것일까

책과 책 사이, 더께 낀 시간의 손등 매만지며 헌책방 거리를 나선다

풀썩, 읽다 만 이야기들이 바닥에 눕는다

* 이문재의 시 제목 인용

물의 나라 쪽으로 열린 문

어느 날 내 시에서 비린내가 풍겼다
나는 물의 종족이었을까
혹, 내가 물고기의 아바타는 아닌지

빗방울 파닥파닥, 도로 위며 창틀 내리치는 소리
지느러미를 가진 나의 동족들 일제히 나를 부르는 것만 같아
물을 찾아 욕조에 몸을 담그거나 인근 저수지로 달려가고 싶어져

인간의 몸속엔 물고기의 일부가 아직도 남아 있다는데
나의 심장에도 가슴지느러미 달려 있는지
너를 삼킬수록, 가슴 밑바닥에서 지느러미 치는 소리 요동쳤어

산란을 위해 몸부림치는 물고기처럼
습한 동굴 속으로 바람이 불어오면 온몸이 축축해지곤 해
이제는 돌아가야 할 시간이란 예감 들곤 하지

물의 나라 쪽으로 열린 문

종일토록 비린내가 가시질 않는다

운악산, 악산, 산

그래, 단풍 들기 전부터
한사코 등 떠미는 손길 있었어
수많은 가을산 중에 하필 악산에 들게 한 거지
또 하필, 몇 갈래 길을 두고
버섯 캐는 사람이나 오가는 길로 들어선 거야
비탈진 나무 허리와 팔뚝 뒤잡으며
네 발로 기어오르다 보니
정말 악-악, 비명이 쏟아지더라구
중간쯤 올랐을까
기다렸다는 듯 까마귀 서너 마리
까악, 까-아-악,
'악' 소리 물며 가볍게 날아오르고
그 소리 들으며 그만 바위에 누워버렸어
수백 개의 계단과 사다리로 이어진
'편한 길' 이란 이정표 붙들고 내려오는 길
그제야 가을빛에 울렁거리는 산의 붉은 속살 보였어
마침내 볼 걸 다 보았다는 듯 설핏 웃음도 났어
운악산 암봉이 그런 나를 보고 구름 속에서 키득키득 웃더군
하루 종일 나를 연주한 운악산의 樂!
서서히 내게서도 음악이 흘러 나왔어

일어서는 달

구름이 제 몸을 찢어내며 서서히 흩어지는 동안, 습자지처럼 펄럭이던 몸 한 귀퉁이로 붉은 물기가 번졌다 비릿한 암시가 도처에서 불거져 나왔다

'상처가 벌어지기 시작한 열일곱 살' *이란 문장 끝에서 봉인해버린 기억이 후드득 터졌다 벌어지는 것과 터져버리는 것과의 간극, 다시 꿰맬 수 있다고 매달리던 밤이 길었다

노산을 준비하던 여자는 나날이 비틀린 문짝을 닮아갔다 건드릴 때마다 제대로 열리지도, 닫히지도 않는 신음소리가 문간방 쪽마루에 골을 새기고 배에 꽁꽁 동여맨 기저귀 위로 혈관이 자라났다 깊은 주름을 가진 어둠이 대문을 잠그면 비로소 풀려난 기저귀들 버려진 탯줄처럼 둘둘 말려 쪽마루 위에 던져졌다 여자의 네 귀퉁이가 그제야 반듯해졌다 함석지붕 위로 일그러진 달이 흘러내렸다

어디에도 담기지 않는 비명을 묻고 싶었던 송현동 골목, 꽃은 뭔가 말하려던 입을 다물고 달리던 내내 터지진 않고 발바닥에서 찔꺽거리던 물집, 썩은 꽃내 자욱하던 새벽 골목길로 허둥대며 달아나던 달

담벼락에 찢어진 채 걸려 있는 달그림자, 손목을 끌어다 무릎에 뉘고 녹슨 바늘에 얼룩진 실을 꿴다 성긴 바늘 자국 사이로 어룽어룽 걸어 나오는 눈빛 하나, 달이 비틀거리며 일어선다

* 이기인의 시 「알쏭달쏭 소녀백과사전—상처 디자이너」에서 인용

나는 그를 기다린다

그가 사라졌다
분명 발자국 소리 들리고
그의 냄새 문 앞에 서성이는 것 같아
가슴 두근거렸는데
문을 열어젖히자 감쪽같이 사라진 것이다
그가 자취를 감춘 그 시간으로부터 시계는
두 바퀴를 돌아 같은 자리에 서 있다
베어내고 또 베어내도
자꾸만 돋아나는 시간
제대로 돌지 않는 피를 데워가며
백지에 발자국만 찍고 달아난 그를 좇아
기억의 갈피마다 머리를 들이밀어 본다
사각 울타리가 쳐진 백지를 펼쳐놓고
침묵 속에서
그가 다시 출몰하기를 기다린다
나는 아직 텅 빈 여백이다

| 해설 |

물物에 불어넣은 혼魂의 노래

-홍순영 시집 『우산을 새라고 불러보는 정류장의 오후』

김정남(소설가 · 문학평론가)

인간이 가진 본래적 영성을 체현하는 존재가 시인이다. 이것과 저것, 아我와 비아非我의 경계가 무화된 시적 언어의 세계에서, 우리는 분열 이전의 원초적 세계를 감득한다. 우주가 철저하게 과학적 인식의 대상이 된 지금, 이것이 저것이 되는 것은 시뮬레이션을 통해서 이루어진다. 여기서 매질의 저항은 조금도 존재하지 않는다. 이것은 단지 우리의 통각에 인위적인 신호를 보내 얻어지는 의사현실이기 때문이다. 현대사회에서 세계와의 대화는 모두 이런 식으로 대체되었다.

홍순영 시인은 사물에 혼을 불어넣는 자다. 그녀가 호명하는 것들은 모두 새로운 것으로 변이하여 저 너머의 세계를 꿈꾼다. 이 영매의 기록이 그녀의 시다. 이것은 '생의 이면을 읽는 독법'(「등」)으로, 우리를 근원의 세계에 근접시키며 우리 생에 끊어진 매듭을 하나하나 잇는다. 그러한 의미에서 그녀가 보내는 전언은 사라진 꿈의 자리이며 우리가 기억해야만 할 영통의 순간들이다.

젖기 위해 태어나는 운명도 있다
누군가는 탈출하기 위해 자신의 뼈 하나쯤 예사로 부러뜨리며,
골목에 쓰러져 있기도 하지만

뾰족이 날만 세우고 좀체 펴지지 않는 고집도 있다
그런 것은 십중팔구 뼈마디에서 붉은 진물을 흘리기 마련,
정지된 시간 위로 녹슨 꽃 핀다

사람이나 동물에게만 뼈가 있는 건 아니라는 거
기민한 종족들은 물과 돌, 쇠에도 뼈가 있음을 일찍이 알아챘다
어긋난 뼈를 문 우산, 길 위에 젖은 채 쓰러져 있다
그도 내 집 담장 밑에 저처럼 누워 있었다
젖는다는 것은 필연처럼 물을 부르고
눈물에, 빗물에, 국 한 그릇에 젖는 허기진 몸들
젖은 몸으로 태어난 당신과 나
살면서 몸을 말릴 수 있는 날은 의외로 적다

우산을 새라고 불러보는 정류장의 오후
출발을 재촉하는 채찍 소리 도로 위에 쏟아지면
날고 싶어 퍼덕거리는 새들 몸짓 요란하다
기낭 속으로 반달 같은 슬픔 우르르 몰려들면
둥글게 휘어지는 살들 팽팽히 끌어당기는 뼈
긴장이 도사린 새의 발목은 차갑고 매끄럽다
새의 발목을 끌어당기다 놓친 사내가 도로에 뛰어든다

—「우산을 새라고 불러보는 정류장의 오후」 전문

시인이 우산을 부른다. '젖기 위해 태어나는 운명' 이라고. 그 허약한 운명은 '자신의 뼈 하나쯤은 예사로 부러뜨리며' 골목에서 울고 있다. 생이 그러하듯이 살을 펴지 못하는 것들은 붉은 진물을 흘린다. 뼈가 어긋난 것들은 길 위에 쓰러져 누워 있다. 우리의 생도 젖은 몸 말릴 날이 적다, 우산처럼. 그러나 시인은 우산은 자신을 말리기 위해 존재하는 것이 아니라, 젖기 위한 것이라고 말했다. 그렇다면 생의 시간은 젖은 몸으로 비에 맞서는 시간이지, 메마른 우산처럼 스스로를 간신히 말리기 위해서 존재하는 것은 아니다. 이것이 바로 축축한 생에 대한 긍정이 아닌가.

시인은 다시 우산을 새라고 불러본다. '날고 싶어 퍼덕거리는 새' 로. 비 내리는 정류장엔 '반달 같은 슬픔이 우르르 몰려' 든다. 젖은 생을 잠시 피해, 새는 잠시 날개를 접는다. 그러나 새(우산)는 긴장을 놓지 않는다. 차고 매끄러운 발목이 그것을 말해준다. 새는 다시 젖은 날개를 펴고 날아갈 것이다. 젖고 마르고, 접고 펴고, 쓰러지고 날아가는 우산의 생은 우리 삶의 모습과 닮아 있다. 우산을 새라고 불러보는 정류장에서 시인은, 오후의 시간처럼 마침내 수긍해야 할 생의 시간과 통혼하고 있다.

우리의 탄생설화는 애초부터 불온한 것
난생의 후예들인 우리, 우물가를 헤매거나
골방에 틀어박혀 햇빛이나 구름을 오려붙이거나
난데없이 거북이를 협박하며
출생의 비밀 건드려보곤 했다

새장 속 앵무새를 들여다보고 있는 그녀
단단한 부리와 화려한 머리깃털에 푹 빠져 있다
한때는 바람의 혼을 싣고 허공을 유영하는
날개가 그리웠다 –나의 날개는 퇴화한 것일까
근원에 대한 불신,
혹 의문의 각질층은 점점 더 두터워지고
그녀가 걸어온 길 위로 유랑의 피 흥건하다

허기가 때로 불안을 잠재우기도 하는가
허겁지겁 어둠을 삼킨 여자의 머리 위로
시간의 지층을 뚫고 날아 앉는 한 마리 새
–평화를 주마
거울 속에 새의 머리를 가진 여자가 들어 있다
그녀가 빙긋, 웃을 때마다 앵무새 인간이 복제된다

한 마리, 두 마리, 아니
한 사람, 두 사람, 아니
그 아무것도 아닌 불협화음의 사생아가
거울 밖으로 걸어 나온다

자신의 혈관 속으로 끼어든 유전자를
받아들이기로 한 것인지
앵무새의 머리를 얹고, 화려한 꼬리 깃을 세운 그녀가
도심 한복판을 당당히 걸어간다

우리의 미래는 부활한 새의 머리가 인도할지니
불멸하는 조상신의 가호를 받을지니
세세토록 이 불안한 평화를 누릴지니라

—「불건전한 진화—장호현의 사진 '관상용'을 보고」 전문

▲ 장호현, freaky evolution 1「관상용」160×120(㎝), 2008

장호현의 「관상용」은 유전자 조작(gene manipulation)이나 복제 등에서 나타나는 '불건전한 진화'의 단면을, 앵무새 여인의 모습을 통해 형상화하고 있다. 더구나 앵무새 여인의 앞에 놓인 거울이 복제의 메타포를 머금고 그 섬뜩함을 더한다. 앵무새는 더 이상 하늘을 날 수 없고, 인간도 더 이상 인간의 얼굴을 하고 있지 않다. '바람의 혼을 싣고 허공을 유영하'던 기억은 이러한 자기복제 앞에 '의문의 각질층'으로만 남는다. 거울 속에 '새의 머리를 가진 여자'는 유전자 조작과 같은 불건전한 변이의 상징이며, 이는 끊임없는 복제의 대상이 된다. 시인은 이를 '불협화음의 사생아'라 명명한다. 「관상용」의 앵무새 여인에게서 시인은 '불안한 평화'를 목도한다. 인간의 인간됨을 포기하는 끊임없는 변이의 과정에 대해 우리는 과연 어떠한 윤리적 판단을 내릴 수 있을까. 그럼, 인도에 누워 있는 호랑이는 어떤가.

> 장난감 차와 인형들을 줄 세운 트럭 옆, 인도에 벌렁 누워 있는 호랑이 한 마리 눈에 들어왔다 순간, 동물원을 떠올리는 나와 밀림을 떠올리는 내가 갈팡질팡, 인도 위 호랑이에게로 다가서는 동안, 그의 거처가 불안하다 그가 문득 허리를 뒤틀자 팔베개를 한 그의 입에서 포효 대신 한숨 새어 나온다 인도를 걷는 그 누구도 호랑이에게 말을 걸지 않는다 플라스틱 발톱은 닳고 닳아 아무도 몰아세우지 못하고 헐렁한 껍질 속, 영양실조를 앓는 이빨만 무방비로 신음한다 한때 맹수의 발톱 드러내며 생을 포식했던 밥통 속에서 허기진 자존심 꾸륵거린다 그의 몸에 모욕처럼 달라붙은 햇살 떼어먹으며 어둠이 다가선다 자신을 가두었던 껍질 벗어 아무렇게나 차에

던져버린 그는, 허울뿐인 가장의 벨트 바짝 조이며 집으로 향한다 오늘도 로드킬로 사람을 희롱하려 했던 계획은 한낱 허세에 그쳤지만, 달려라, 호랑아 수중에 헐렁한 껍질뿐인 그의 트럭은 요란한 시동을 걸며 질주한다

—「호랑이는 왜 人道에 누워 있었나」 전문

플라스틱 발톱을 달고 인도에 벌렁 누워 있는 호랑이 또한 복제품이다. 우리에게 밀림 속 호랑이는 없다. 호랑이는 모니터에, TV 화면에서 포효하며, 캐릭터 인형으로 실체화된다. 원본은 없고 무수한 복제품들만이 즐비하다. 가짜가 진짜를 삼키고 가짜가 진짜처럼 돌아다니는 거대한 시뮬라크르의 세계에 우리가 살고 있다. 인도에 누워 있는 호랑이에게선 '포효 대신 한숨'이 새어나오고, 닳고 닳은 발톱은 아무도 위협하지 못하며, 영양실조를 앓는 이빨만 신음한다. 호랑이는 단지 한때 맹수였을 뿐이다. 공포는 거세되고 맹수의 지위가 사라질 때, 호랑이는 한낱 전시의 대상, 놀이의 대상으로 전락한다. 인도에 누워 있는 호랑이가 '로드킬로 사람을 희롱하려던 계획' 은 차라리 눈물겹다. 시인은 다시 트럭에 내던져진 호랑이에게 말한다. '달려라, 호랑아' 라고. 이렇게 본래성을 잃어가는 것이 어디 호랑이뿐이겠는가. '허울뿐인' 인간도 문명의 '벨트 바짝 조이며' 점점 더 '헐렁한 껍질뿐인' 존재로 전락하고 있는 것이다.

—야야, 내가 그 무엇이냐 '뻥' 좀 해보면 어쩌겠냐?
순간, 뻥이란 단어가 내뿜는

귀여우면서도 허망한, 몽롱한, 음습한
말풍선의 꼬리를 잡고 피식, 웃음을 흘리는데

주저앉은 어머니 가슴 위로
가라앉았던 꽃내음
스멀거리며 피어올랐다
불기 가신 줄 알았던 저 가슴은
잠깐 휴식 중이었을까
는적거리는 가슴 추스르는 어머니
훔쳐보는 순간
잊고 있었던 어머니의 비단 같은 봄날
눈앞에 펼쳐지며
은빛 연어 한 마리 푸드덕거렸다
이마 위 땀방울에 얹힌 빛의 손은
차라리 잔인한 구속이었을 터,
저 싱싱한 가슴 베어 물고 비대해졌던 욕망들
풍장 치르는 시간
나는 불쑥, 바람 들락거리는 가슴속에
두둑하니 흙을 돋우고
실한 뽕나무 한 그루 심고 싶어졌다
초록바다 유영하는 뽀얀 젖빛 애벌레
손 위에 올려놓고
살아 있는 것의 근지러움, 다시 맛보고 싶어

—「뽕」 전문

껍질뿐인 생으로부터 벗어나기 위해선 생의 스멀거리는 '근지러움'을 다시 회복해야 한다. 시인은 '뽕'이라는 '귀여우면서도 허망한, 몽롱한, 음습한' 언어의 감각으로부터 생의 에너지를 피워 올린다. 그러자 '주저앉은 어머니 가슴 위로' '꽃내음'이 피어오른다. '는적거리는 가슴' 추스르는 어머니를 슬쩍 곁눈질하는 동안, 화자는 어머니의 '비단 같은 봄날'을 눈앞에 떠올린다. 그러자 은빛 연어 한 마리 푸드덕거린다. 결국 모든 자식들은 어미의 청춘을 베어 물고 자라온 것이니, 화자는 바람 들락거리는 저 텅 빈 가슴속에 '흙을 돋우고' 실한 '뽕나무 한 그루' 심고 싶어진다. 그리고 푸른 뽕잎 먹고 자랄 '젖빛 애벌레' 한 마리 손 위에 올려놓고 살아 있음에의 근지러움을 맛보고 싶어 한다. 그렇다! 살아 있는 것은 껍질뿐인 가짜의 생을 통해서 얻을 수 없는 것이다. 구체적인 감각! 불기 가신 어미의 젖가슴에 다시 불을 피우고 흙을 돋우는 일이다. 그리하여 살아 있는 모든 것은 오감을 열고 생을 호흡할 일이다.

꽃들도 발자국을 남긴다는 걸 알았네
어제 내린 밤비에 물컹거리는 진흙바닥 디디며
막 계절을 건너가는 목련의 발자국
서두른 흔적 보이네
꽃잎 이리저리 어지럽게 흩어진 모습
상갓집 신발들 보는 것 같네
급히 우리들을 떠나간 당신도 빗물을 밟고 갔네

나의 일별을 쓸쓸해하며 돌아서는 당신의 발자국
내 발을 밟고 가네
몇 번이고 밟혀 짓이겨진 발등은
언제 이 봄을 다 건너려나
서둘다 보면 넘어지는 봄이네
넘어지면 일어서기 힘든 봄이네
당신처럼, 놓치고야 마는 봄이네
발자국은 점점 선명해지다 홀연히 사라지네
내 기억 속의 당신도 어느 날 문득,
저 꽃잎처럼 사라지고 말겠네

─「목련 발자국」 전문

화자에게 봄은 서럽다. 떨어지는 목련 꽃잎이 '상갓집 신발들' 처럼 어지럽게 흩어질 때, 화자는 '우리를 급히 떠난 당신'을 떠올린다. 시인은 당신이 떠난 고통을 발등이 짓이겨지는 아픔으로 구체화하고, 봄이면 되살아나는 당신의 기억으로 '언제 이 봄을 다 건너려나' 한탄한다. 그러한 의미에서 화자에게 봄이란, '넘어지는 봄', '일어서기 힘든 봄', '놓치고야 마는 봄'이다. 그러나 기억 속 당신도 언젠가 '저 꽃잎처럼' 홀연히 사라질 것이다. 그때는 아마도 소월素月이 말했던 '먼 후일' 이 아닐까. 그렇다면 당신은 매년 목련으로 살아오고, 목련 발자국으로 떠나갈 것이다. 목련에 불어넣은 당신의 혼은 '오늘도 어제도 아니 잊고' 매년 피고 지고 할 테니까.

생의 이면을 읽는 독법이다
둔감하거나 무관심에 함몰된 자의 시력으론 좀체 읽히지 않는다

굽어 있거나, 꼿꼿하거나, 휘어져 있거나
솔직함이 드러나는 대목에서 가끔 울컥할 때도 있지만
그것이 自傳적일 때 솟구치는 짜증도 있다

생활은 정면충돌을 피한 채
우리 등에 맘껏 낙서를 즐기지만
자신의 등에 적힌 적나라한 문장,
본인은 읽지 못한다
때로 삶이 서글퍼지는 건 자의가 아닌 타의로 함부로 읽힐 때
사는 즐거움은 오독 아니겠냐고 말하는 누군가도 있겠지만

품어야 할 말이라도 있는 듯, 바짝 웅크린 그의 등에서
난해한 대목을 만난 것처럼 내 시선은 같은 자리를 맴돈다
밤이 깊을수록 그의 등은 외딴 섬을 닮아간다
섬을 적시는 거친 파도소리

그의 등에 가슴을 묻는다

아무도 읽지 못한 그를 오늘에서야 제대로 읽기 시작한다

—「등」 전문

홍순영 시인은 이렇게 생의 이면을 읽을 줄 아는 자다. 시를 쓰는 것은 '그의 등에 가슴을 묻는' 일이다. '외딴 섬'을 닮아가는 당신의 등을 읽고, 마침내 그를 위로하는 일이다. 자신의 등에 적힌 문장들은 누구나 읽지 못하는 법! 가장 아픈 것은 나의 삶이 '타의로 함부로 읽'히는 일이다. '아무도 읽지 못한 그를' 마침내 가슴으로 읽어내는 것. 말하지 못하는 것 말하게 하고, 날지 못하는 것 날게 하고, 달리지 못하는 것 달리게 하고, 숨쉬지 못하는 것 숨 쉬게 하고, 존재하지 않는 것 존재케 하는 것. 이것이 바로 '우주의 사업에 동참'(이시영, 「내가 언제」)하는 진정한 시인의 길이다.

문학의전당 · 시인선 121
우산을 새라고 불러보는 정류장의 오후

초판인쇄 2011년 11월 3일
초판발행 2011년 11월 9일

지 은 이 홍순영
펴 낸 이 김충규
펴 낸 곳 **문학의전당**
출판등록 제387-2003-00048호(2003년 9월 8일)

주 소 420-752 경기 부천시 원미구 상동 392 한아름마을 1511-1603
편 집 실 121-718 서울시 마포구 공덕2동 404 풍림VIP빌딩 413호

전화번호 02-852-1977
팩시밀리 02-852-1978
전자우편 mhjd2003@naver.com
블 로 그 http://blog.naver.com/mhjd2003

I S B N 978-89-97176-06-9 03810

*이 시집은 2009년 한국문화예술위원회의 창작기금을 받아 제작되었습니다.